AF460043

2 mai 1870

Exemplaire de Beurdeley père

GALERIE

[illegible]

Carlo CASTELBARCO

DE MILAN

TABLEAUX

Mᵉ DELBERGUE-CORMONT	MM. DHIOS ET GEORGE
COMMISSAIRE-PRISEUR	EXPERTS

PARIS — 1870

RENOU ET MAULDE
IMPRIMEURS DE LA COMPAGNIE DES COMMISSAIRES-PRISEURS
Rue de Rivoli, 144.

CATALOGUE

DES

TABLEAUX

ANCIENS

DE MAITRES ITALIENS ET FLAMANDS

COMPOSANT LA GALERIE

De M. le Comte Carlo CASTELBARCO

DE MILAN

DONT LA VENTE AUX ENCHÈRES PUBLIQUES AURA LIEU

HOTEL DROUOT, SALLE N° 1

Les Lundi 2, Jeudi 5 et Vendredi 6 Mai 1870

A DEUX HEURES

Me DELBERGUE-CORMONT, Commissaire-Priseur,
rue de Provence, 8,

Assisté de **MM. DHIOS** et **GEORGE**, Experts, rue Le Peletier, 33.

EXPOSITIONS

DE LA PREMIÈRE VENTE	DE LA DEUXIÈME VENTE
PARTICULIÈRE : le Samedi 30 Avril	PARTICULIÈRE : le Mardi 3 Mai
PUBLIQUE : le Dimanche 1er Mai	PUBLIQUE : le Mercredi 4 Mai

DE UNE HEURE A CINQ HEURES

PARIS — 1870

ORDRE DES VACATIONS

PREMIÈRE VENTE

Le Lundi 2 Mai 1870, du n° 1 au n° 35

DEUXIÈME VENTE

PREMIÈRE VACATION

Le Jeudi 5 Mai 1870, du n° 36 au n° 121

DEUXIÈME VACATION

Le Vendredi 6 Mai 1870, du n° 122 au n° 225

CONDITIONS

La vente sera faite au comptant et les Acquéreurs paieront CINQ POUR CENT, en sus des enchères.

Bien des personnes, curieuses des choses d'art, qui ont visité Milan il y a quelques années, auront sans doute remarqué un immense palais qui s'élevait juste en face l'académie Brera et lui faisait un digne pendant par les trésors sans nombre qu'il renfermait. Là se trouvaient réunies des collections de toutes natures : galerie de tableaux, objets d'art et de haute curiosité, matières précieuses, majoliques, armes, livres, dessins, instruments de musique. Le Comte Castelbarco, père, était le type du collectionneur par excellence ; chercheur ardent de tout ce qui est beau, intéressant, ou rare, il consacra sa vie à récolter toutes ces richesses. Son palais prit l'importance d'un musée.

Digne héritier des goûts artistiques de son père, le comte Carlo n'aurait jamais songé à se défaire de tous ces joyaux sans une circonstance imprévue qui l'oblige à se séparer d'objets amassés au prix de tant de peines, de soins et de sacrifices. Exproprié par l'édilité milanaise, pour cause de percement de rue, le Comte vit raser son palais et renonçant à réinstaller ailleurs des toiles nombreuses qu'un monument princier pouvait seul dignement contenir, il a pris le parti de livrer aux enchères sa galerie de Tableaux.

Cette Galerie se compose de deux cent vingt-cinq productions appartenant aux Ecoles d'Italie et de Flandres. Dans ce nombre comptons hardiment cent toiles de premier mérite et plusieurs chefs-d'œuvre incomparables, comme il s'en rencontre rarement dans les ventes publiques.

Notre intention n'est pas d'en donner ici l'analyse ou l'appréciation. Notre plume peu exercée n'est point à la hauteur d'une semblable tâche et nous devons nous borner à faire un sérieux appel à tous les amateurs, en leur signalant, dans une incomplète et aride nomenclature, quelques-uns des morceaux les plus précieux et les plus méritants de la collection.

Citons d'abord cette série d'admirables portraits par Bronzino, Cialdieri d'Urbin, Van Dyck, Mazzola dell Erbette, Anton de Moor, François Porbus, Ribera, Andrea Solari, en tête des quels figurent deux merveilles : *le portrait de César Borgia, duc de Valentinois*, par Francesco Francia, et celui de *Laurent de Médicis, duc d'Urbin*, attribué à Raphael !...

Un des attraits de la Galerie, c'est cette gracieuse réunion de Madones et de saintes Familles choisies parmi les maîtres les plus estimés des diverses Écoles d'Italie, et surtout parmi les Vénitiens. Ceux-ci se trouvent représentés par une œuvre capitale de GIOVANNI BELLINI, importante entre toutes, et dignement accompagnée d'intéressantes productions des Cima da Conegliano, Previtali de Bergame, Domenico Veneziano, Montagna, Catena, Vivarini, et aussi d'une curieuse peinture à la détrempe dûe à un artiste de la même école, MARCO MARZIALE, un rival de Mantegna.

Les Écoles de Florence et de Lombardie nous offrent de remarquables spécimens des Pollaïolo, Puligo, Beltraffio, Ambrogio da Borgognone, Marco d'Oggione, etc. On admirera encore des pages superbes par le Guerchin, le Baroche et Girolamo Mazzola. Des maîtres avec qui nous sommes peu familiarisés, de grands maîtres pourtant, Bernardino Butinone, Luigi Donati, et autres artistes du XVe et du commencement du XVIe siècle, seront très-appréciés des amateurs qui ont rarement l'occasion de les étudier.

Dans les Écoles flamande et hollandaise, outre

les Portraits déjà cités, on trouvera des Tableaux de belle qualité : de ravissantes petites peintures par Jean Van Kessel, en collaboration avec Erasme Quellin ou avec Breughel; des natures mortes de David de Heem; un beau David Ryckaert; et toute une série de morceaux judicieusement choisis dans les maîtres de second et de troisième ordre.

Cette courte énumération suffira, nous l'espérons, pour éveiller l'attention sur la vente d'une galerie qui renferme de ces œuvres authentiques des grands maîtres italiens, pour ainsi dire introuvables aujourd'hui, parce qu'elles se classent tous les jours dans les grandes galeries et les principaux musées de l'Europe.

DHIOS ET GEORGE.

PREMIÈRE VENTE

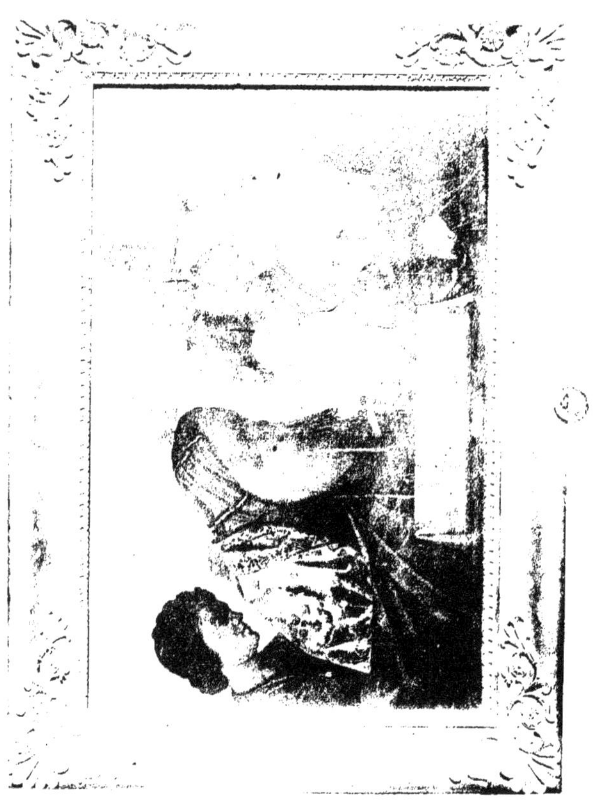

DÉSIGNATION

DES

TABLEAUX

COMPOSANT LA PREMIÈRE VENTE

Du Lundi 2 Mai 1870

BELLINI

(GIOVANNI)

1 — **La Circoncision.**

Marie, saint Joseph et le grand-prêtre entourent l'Enfant-Jésus; à droite, sainte Élisabeth; à gauche, un lévite qui relève le manteau du grand-prêtre. Figures à mi-corps. Fond de paysage.

Dans ce beau tableau, d'une conservation qui ne laisse rien à désirer, les physionomies respirent la douceur et la bonté. La coloration est à la fois brillante et harmonieuse, blonde et transparente. C'est un admirable spécimen de l'école vénitienne.

Bois. — H. 67 c. L. 1 m. 02 c.

BELTRAFFIO

(G.-A.)

2 — **La Vierge, l'Enfant Jésus et deux Anges.**

Marie allaite l'Enfant-Jésus, un Ange tient un livre ouvert, un autre Ange joue de la harpe.

Bois. — H. 72 c. L. 58 c.

BORGOGNONE DA FOSSANO

(AMBROGIO)

3 — **Tableau de maître-autel divisé en cinq compartiments.**

Celui du milieu représente la Vierge assise sur un trône et tenant l'Enfant-Jésus sur ses genoux; près d'elle est le petit saint Jean et deux Saintes ayant des palmes à la main.

Dans les deux compartiments de droite sont représentés saint Georges et saint Ambroise. Dans ceux de gauche, saint Michel et saint Marc.

Bois. — H. 1 m. 53 c. L. 1 m. 40 c.

BORGOGNONE DA FOSSANO

(AMBROGIO)

4 — **Adoration de la Vierge.**

Saint Étienne, saint Jean-Baptiste et plusieurs autres Saints sont prosternés autour du trône sur lequel la Vierge est assise, les mains jointes, les regards élevés vers le ciel.

Bois. — H. 1 m. 30 c. L. 65 c.

BRONZINO

(ALLORI CRISTOFORO, dit IL)

5 — **Portrait d'un gentilhomme.**

Vu à mi-corps et assis, tenant un mouchoir de la main gauche qu'il appuie sur l'accoudoir du fauteuil et ayant un livre ouvert dans la main droite. Il porte un pourpoint de soie noire, une fraise et des manchettes.

Peinture d'un beau caractère et d'une exécution très-soignée. Les mains sont remarquablement dessinées.

Bois. — H. 78 c. L. 57 c.

BRONZINO

(ANGIOLO)

6 — **Portrait d'homme.**

Il est représenté de trois quarts, tourné vers la gauche, coiffé d'une toque et vêtu de noir avec col de chemise en guipure. Il a une moustache fine, la barbe frisée et peu fournie. Ses mains sont croisées sur le bras d'un fauteuil, et, de la droite, il tient un papier sur lequel on lit : COMPORTA ET ASTIENTI. Sur le socle d'une colonne, à gauche, est inscrit le nom du personnage représenté.

Ce beau portrait figurait dans la galerie Castelbano sous le nom d'Andrea del Sarto. Il nous semble porter tous les caractères d'une œuvre du Bronzino.

Bois. — H. 78 c. L. 57 c.

BUTINONE

(BERNARDINO), de Treviglio

7 — La Vierge et deux Saints, tableau divisé en trois compartiments.

Assise sur un trône, Marie soutient l'Enfant-Jésus debout sur ses genoux ; près d'elle est un ange.

Le compartiment de droite représente un saint martyr, tenant une palme et un instrument de torture.

Celui de gauche représente saint Bernard de Sienne ayant un livre de prières à la main.

Sur un cartel, en bas du tableau, on lit : BERNARDINUS BUTINONUS DE TREVILLIO, 1454.

Bois. — H. 1 m. 10 c. L., milieu, 50 c. Côtés, 35 c.

CARRACCI

(LUDOVICO)

8 — La Vierge et l'Enfant Jésus.

Médaillon ovale entouré de six autres médaillons plus petits, peints sur cuivre et sur lapis.

CIALDIERI D'URBINO

(GIROLAMO)

9 — **Portrait d'un duc d'Urbin.**

Il est vu en buste, la tête tournée de trois quarts. Son surtout de soie noire est garni de fourrure. Il a les cheveux courts et porte toute la barbe. Fonds d'or avec larges ornements imitant une tenture en cuir.

Toile. — H. 75 c. L. 55 c.

CONEGLIANO

(GIO - BATTISTA CIMA DA)

10 — **La Vierge et l'Enfant.**

Marie, vue à mi-corps, soutient la tête de l'Enfant-Jésus qui repose devant elle, couché sur un mur d'appui en marbre. Derrière la Vierge est appendue une draperie. Fond de paysage.

Bois. — H. 60 c. L. 50 c.

CONEGLIANO

(GIO - BATTISTA CIMA DA)

11 — **La Vierge et l'Enfant.**

Marie soutient, debout sur ses genoux, l'Enfant-Jésus qui a des fruits dans les mains.

Bois. — H. 62 c. L. 53 c.

DONATI

(LUIGI)

12 — Le Couronnement de la Vierge.

La Vierge, assise sur un trône, tient l'Enfant-Jésus debout sur ses genoux. A droite, un Ange offre des fruits à l'Enfant-Jésus; à gauche, un autre Ange présente à la Vierge un livre ouvert. Au-dessus du trône, deux Chérubins soutiennent une couronne.

Sur la marche du trône on lit la signature du peintre : ALVISII.DE.DONATI. FECIT, 1510.

Bois forme cintrée du haut. — H. 1 m. 22 c. L. 60 c.

DYCK

(ANTON VAN)

13 — Portrait d'un gentilhomme.

A mi-corps, de trois quarts, en pourpoint de soie noire avec col uni. Le pouce de sa main gauche est passé dans la boucle de sa ceinture. Ses cheveux, sa moustache et sa barbiche sont blancs.

Ce beau portrait nous semble avoir été peint par Van Dyck, en Italie.

Toile. — H. 85 c. L. 70 c.

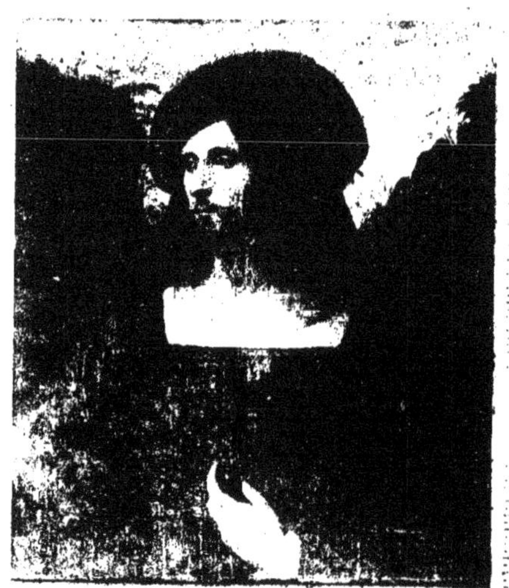

FRANCIA

(FRANCESCO RAIBOLINI, dit IL)

14 — **Portrait de César Borgia, duc de Valentinois.**

Vu en buste, le corps de face et la tête tournée de trois-quarts, il est coiffé d'une toque de soie ornée de petits rubans et porte un vêtement jaune à ornements et passementeries noires, recouvert sur l'épaule gauche d'un manteau de couleur foncée. Sa barbe est d'un blond très-clair et il porte les cheveux longs. A la main gauche il tient un petit flacon à odeurs. Fond de paysage avec rochers escarpés et parsemés d'arbres au feuillage léger. Au pied des rochers on aperçoit une figurine de guerrier.

L'aspect de ce portrait est intraduisible. C'est un chef-d'œuvre de vie et d'expression dans toute l'acception du mot.

Bois. — H. 63. L. 57.

GADDO GADDI

(TADDEO DI)

15 — **Sainte Madeleine et sainte Catherine.**

Petite peinture très-intéressante et d'une excessive finesse d'exécution. Fond doré.

Bois. — H. 15 c. L. 10 c.

GUERCINO

(GIO-FRANCESCO BARBIERI, dit IL)

16 — **Le Christ et la Samaritaine.**

Figures à mi-corps. Ce tableau a été peint en 1641 pour l'abbé Bentivoglio, de Bologne. Il est décrit dans l'ouvrage de Malvezzi.

Toile. — H. 1 m. L. 1 m. 20 c.

LEYDE

(École de LUCAS DE)

17 — **La Sainte Famille et plusieurs Saintes.**

Tableau divisé en trois compartiments. Au milieu, la Vierge tient sur ses genoux l'Enfant-Jésus qui se tourne vers sainte Catherine agenouillée et lui prend la main. Une autre Sainte offre des fleurs au divin Enfant et saint Joseph lui présente une pomme. Dans le fond un palais et des rochers très-élevés. Le compartiment de droite représente une Sainte à genoux tenant une palme et un livre de prières; sainte Agnès, également agenouillée, est représentée sur le volet gauche.

Toutes ces figures sont revêtues de somptueux costumes du XVe siècle.

Bois. — H. 1 m. L., milieu, 70 c. Côtés 30 c.

MARZIALE

(MARCO)

18 — **Le Christ en croix entre les deux larrons.**

A gauche, au pied de la croix, la Vierge, saint Jean et Marie-Madeleine en prières; à droite, Nicodème, Joseph d'Arimathie et un groupe de soldats.

Cette intéressante production, de l'ancienne école vénitienne, peinte à la détrempe sur une toile très-fine, est comparable aux plus belles œuvres de Mantegna, pour la pureté des contours, l'étude des nus, le caractère des figures et le style des draperies.

Toile. — H. 71 c. L. 51 c.

MAZZOLLA DELL'ERBETTE

(FILIPPO)

19 — **Portrait d'homme, en buste.**

La tête, coiffée d'un bonnet rond à oreillettes relevées, est tournée de trois quarts. De longs cheveux noirs retombent sur les épaules.

Les initiales du peintre et le nom du personnage représenté sont inscrits en bas du tableau.

Curieux portrait de la fin du XVe siècle.

Bois. — H. 46 c. L. 29 c.

MAZZOLINI DE FERRARE

(LUDOVICO)

20 — **La Nativité.**

La Vierge agenouillée, un Ange tenant une viole, le petit saint Jean-Baptiste et un berger entourent l'Enfant-Jésus couché sur une draperie étendue sur le gazon. Près de ce groupe est saint Joseph endormi. Au second plan la crèche; dans le fond, à droite, les rois mages, à gauche les bergers auxquels un Ange annonce la venue du Messie.

Petite peinture très-finement exécutée.

Bois. — H. 24 c. L. 19 c.

MAZZOLINI DE FERRARE

(LUDOVICO)

21 — **Mariage mystique de sainte Catherine.**

Assise au milieu d'un paysage, Marie soutient sur ses genoux l'Enfant-Jésus qui passe l'anneau symbolique au doigt de sainte Catherine agenouillée sur la roue, instrument de son martyre. A gauche, saint Joseph endormi.

On aperçoit dans le lointain, au bord d'une rivière traversée par un pont, saint Georges terrassant le dragon.

Agréable composition d'une exécution fine et soignée.

Bois. — H. 33 c. L. 26 c.

MONTAGNA

(BARTOLOMEO)

22 — La Vierge et l'Enfant.

Marie, drapée dans un ample manteau bleu soutient l'Enfant-Jésus, vêtu d'une chemisette, debout sur une table de marbre. Ces deux figures se détachent sur une draperie verte. En bas sur un cartouche, est la signature du peintre : Bartolomeus Montania.

Bois. — H. 60 c. L. 44 c.

MOOR

(ANTON DE)

23 — Portrait d'un gentilhomme.

De trois-quarts, à mi-jambes, il est coiffé d'une toque noire et vêtu d'un pourpoint de soie de même couleur, serré à la taille par une ceinture à laquelle est fixé un poignard. Il a un mouchoir dans la main gauche, placée sur la hanche ; sa main droite s'appuie à l'angle d'une table où l'on voit une montre en or. Il porte la moustache et la barbiche.

Dans le fond, à droite, sont peintes les armoiries du personnage représenté et les initiales du peintre : A. M.; à gauche, on lit l'inscription : ANNO AETATIS SUAE 34 ET DE ANNO 1561.

Ce superbe portrait d'une facture ferme et précise, d'un coloris blond et transparent, est comparable aux plus belles productions de Holbein.

Bois. — H. 1 m. 18 c. L. 90 c.

MORONI

(GIOVANNI-BATISTA)

24 — **Religieux dominicain.**

Presque de profil, les regards élevés vers le ciel, la main droite sur la poitrine.

Toile forme ovale. — H. 73 c. L. 59 c.

OGGIONE

(MARCO DA)

25 — **La Vierge aux rochers.**

Agréable reproduction du tableau de Léonard de Vinci.

Bois. — H. 57 c. L. 44 c.

POLLAIOLO

(ANTONIO)

26 — **Glorification de la Vierge.**

Marie, vêtue d'une robe de brocart enrichie de perles et de pierreries, est assise sur un trône et soutient sur ses genoux, l'enfant Jésus qui élève la main droite pour bénir. Des anges apportent des couronnes d'or, d'autres jouent de divers instruments, au pied du trône sont groupées plusieurs saintes, au milieu desquelles sainte Catherine se tient agenouillée.

Bois forme cintrée du haut. — H. 70 c. L. 40 c.

PORBUS

(FRANÇOIS)

27 — **Portrait d'une dame de distinction.**

C'est une dame de cinquante ans environ représentée dans un costume élégant et sévère. Elle tient à la main droite une paire de gants, sa main gauche est appuyée sur une table. Un béguin de linon maintient ses cheveux et une cornette rouge brodée d'or et enrichie de pierreries complètent sa coiffure. Une fraise et des manchettes tuyautées entourent le cou et les poignets. La robe, de soie noire, est recouverte d'un surtout de même étoffe avec bouffants aux épaules. Un charmant bijou est suspendu à une chaîne d'or qui s'étage en plusieurs rangs sur la poitrine. Ses doigts sont chargés de bagues.

Ce portrait est simple et vrai. Les mains, très-étudiées, sont finement modelées et dessinées avec précision.

Bois. — H. 70 c. L. 55 c.

PREVITALI DE BERGAME

(ANDREA)

28 — **La Sainte Famille.**

Au milieu la Vierge et l'Enfant Jésus tenant un chardonneret, à droite saint Bernard, à gauche saint Joseph tenant un livre ouvert, et derrière lui sainte Catherine. Fond de paysage.

Figures à mi-corps.

Bois. — H. 64 c. L. 1 m.

PULIGO

(DOMENICO)

29 — **La Sainte Famille.**

La Vierge est agenouillée auprès de l'Enfant Jésus; à droite saint Jean-Baptiste debout; à gauche saint Joseph endormi.

Cette gracieuse peinture porte tous les caractères d'Andrea del Sarto, dont Puligo fut un des plus habiles imitateurs.

Bois. — H. 1 m. 24 c. L. 88 c.

RIBERA

(GIUSEPPE)

30 — **Portrait.**

C'est celui d'un personnage vêtu de noir, représenté en pied, de grandeur naturelle, la tête découverte, le pouce de sa main gauche

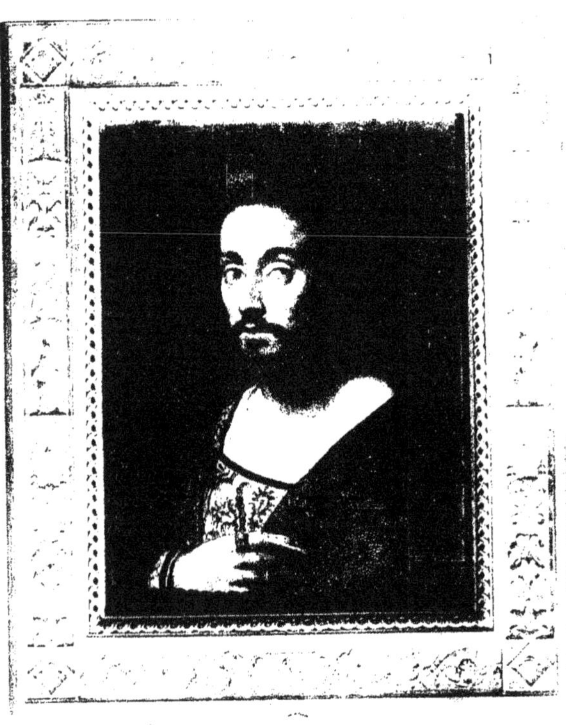

passé dans la ceinture, et sa main droite appuyée sur la tête d'un lion couché à ses pieds.

La tête et les mains de ce beau portrait sont admirables de relief et de vérité ; jamais le pinceau de maître ne s'est montré plus fier, plus énergique, plus précis.

Signé en toutes lettres : JUSEPE DE RIBERA, ESPANOL VALENCIANO, F. 1638.

Toile. — H. 1 m. 97 c. L. 1 m. 11 c.

SANZIO ?

(RAFFAELLO)

31 — **Portrait de Laurent Médicis, IIe du nom, duc d'Urbin, neveu du Pape Léon X.**

11,100

La tête couverte d'une toque noire, il est vu en buste, de trois quarts, tourné vers la gauche et les regards dirigés vers le spectateur. La moustache et la barbe sont blondes et peu fournies. Le cou est nu. Il porte un vêtement rose brodé, une chemise à petits plis et un manteau de couleur gris de fer qu'il ramène de la main droite sur la poitrine.

Une ancienne tradition, dans la famille Castelbarco, conserve à ce portrait l'attribution de Raphaël. Le doute involontaire que fait naître un nom aussi glorieux, s'évanouit en présence d'un tel chef d'œuvre pour ne laisser place qu'à la plus vive admiration. On se sent impressionner par cette figure d'une physionomie si expressive, d'une beauté si parfaite, — véritable type d'aristocratie et de grandeur.

Bois. — H. 57 c. L. 43 c.

SOLARI

(ANDREA)

32 — **Portrait d'homme.**

En buste, de trois quarts, tourné à gauche il porte un bonnet rond et un vêtement bleu à col vert. Ses cheveux, châtain clair, masquent le front et descendent sur les oreilles.

Bois. — H. 48 c. L. 35 c.

VECELLIO

(Attribué à TIZIANO)

33 — **Portrait du Pape Paul III. (Alexandre Farnèse.)**

Ce tableau à toujours été considéré dans la galerie Castelbarco, comme une répétition dûe au Titien lui-même, d'un portrait de plus grande dimension.

Bois. — H. 40 c. L. 28 c.

VENEZIANO

(DOMENICO)

34 — **La Vierge et deux Saints.**

Tableau divisé en trois compartiments : celui du milieu représente : la Vierge Marie, assise sur un trône, entre deux Anges et soutenant sur ses genoux l'Enfant-Jésus qui a des fruits à la main.

Saint-Augustin est représenté dans le volet de droite et Saint-Roch dans celui de gauche.

Bois. — 1 m. 10 c. L., milieu, 60 c. Côtés, 40 c.

VIVARINI

(BARTOLOMEO)

35 — **La Vierge et l'Enfant.**

Marie, assise sur un banc, au milieu d'un paysage, soutient sur ses genoux l'Enfant-Jésus qui tient un oiseau.

Bois forme cintrée du haut. — H. 1 m. 25 c. L. 62 c.

DEUXIÈME VENTE

DÉSIGNATION

DES

TABLEAUX

COMPOSANT LA VENTE

Des Jeudi 5 et Vendredi 6 Mai 1870

PREMIÈRE VACATION

Écoles Flamande, Hollandaise et Allemande

BOUT (Pierre)

ET

BOUDEWYNS (Antoine)

36 — Paysages et Animaux.

Des pâtres conduisant des bestiaux cheminent sur une route qui traverse un site accidenté et boisé.

Toile. — H. 27 c. L. 40 c.

BREUGHEL

37 — Le Marché aux bestiaux.

La rue principale d'une petite ville de Hollande est encombrée de bestiaux, de chariots, de piétons et de cavaliers.

Toile. — H. 56 c. L. 86 c.

38 — Le Jour de marché.

Des groupes de villageois, des chariots approvisionnés, des personnages circulent dans une ville hollandaise où règne une grande animation.

Toile. — H. 56 c. L. 86 c.

BREUGHEL

(ABRAHAM)

39 — Fleurs.

Dans un vidrecôme de verre, des fleurs variées sont assemblées en bouquet.

En bas, à gauche, on voit le monogramme de l'artiste, formé des lettres A. B.

Cuivre. — H. 30 c. L. 22 c.

BREUGHEL

ET

KESSEL (Van)

40 — L'Eau : (Allégorie.)

Auprès d'une cascade, dont les eaux se déversent dans la mer, un fleuve et une naïade sont représentés parmi des roseaux, à l'ombre de grands arbres. — Ils sont environnés d'oiseaux aquatiques, de poissons de toutes sortes, de madrépores, de coquillages, exécutés avec une minutieuse précision.

Cuivre. — H. 47 c. L. 67 c.

BREUGHEL

ET

KESSEL (VAN)

41 — Le Feu : (Allégorie.)

Des forgerons travaillent dans une grotte immense encombrée par une innombrable quantité d'armes et d'armures, de vases, d'orfévrerie, de fioles, de cornues, etc. Dans le fond, à droite, on aperçoit une ville incendiée.

Cuivre. — H. 47 c. L. 67 c.

BUNNIK D'UTRECHT

(JAN VAN)

42 — Paysage.

Une troupe de bohémiens est arrêtée près d'un ruisseau, non loin de rochers couronnés d'arbustes.

Toile. — H. 64 c. L. 88 c.

DYCK

(École de VAN)

43 — Portrait d'un seigneur du temps de Louis XIII.

Il est debout, de grandeur naturelle et revêtu de son armure; une écharpe rouge entoure sa taille; et une large collerette de guipure retombe sur ses épaules. La main gauche est posée sur la hanche et la droite s'appuie sur une canne.

Toile. — H. 2 m. L. 1 m. 20 c.

DYCK

(École de VAN)

44 — Autre Portrait, de même époque.

Debout, de grandeur naturelle, il tient une canne de la main droite et repose la gauche sur un casque placé sur une table. Il porte un col de guipure, une cuirasse et une écharpe rouge.

Toile. — H. 2 m. L. 1 m. 20 c.

FRANCK

(FRANÇOIS)

45 — Construction de la Tour de Babel.

Au premier plan, un architecte agenouillé soumet le plan du monument au roi environné de sa cour, à l'entrée de son palais.

Bois. — H. 58 c. L. 92 c.

FRANCK

(FRANÇOIS)

46 — Le Jugement dernier.

Signé en bas en toutes lettres : F. Franken fecit inventor a° 1606.

Cuivre. — H. 65 c. L. 49 c.

FYT

(JOANNES)

47 — Gibier mort.

Un chien de chasse flaire un lièvre et une perdrix, déposés sur une table de cuisine.

Toile. — H. 60 c. L. 77 c.

GOLTZIUS

(HENRI)

48 — La Nativité.

Marie, agenouillée, écarte les langes qui enveloppaient l'Enfant Jésus ; deux pâtres sont en adoration ; saint Joseph tenant une torche est debout auprès de ce groupe. Dans le haut, une gloire d'anges.

Bois, cintré du haut. — H. 52 c. L. 34 c.

GRIFFIER

(JAN)

49 — Paysage ; site de Norvége.

Pays accidenté et boisé avec chute d'eau. A gauche, deux chasseurs à l'affût au pied d'un bouquet de sapins.

Bois. — H. 49 c. L. 64 c.

HEEM

(J. DAVID DE)

50 — Nature morte.

Une coupe d'argent renversée, un citron entamé sur un plat en métal, un hanap en verre de Bohême, une noix et des noisettes, un couteau à dessert, sont assemblés sur une table recouverte d'un tapis de soie verte.

Fine qualité du maître. On ne saurait désirer une imitation plus parfaite de la nature.

Bois. — H. 40 c. L. 68 c.

HEEM

(J. DAVID DE)

51 — Nature morte.

Des huîtres, un citron à demi-pelé, une pipe en terre blanche, une grenade entr'ouverte, une écrevisse, des raisins, deux plats et un gobelet en argent, une coupe à pied en verre de Venise, sont déposés sur une table en partie recouverte d'un tapis.

L'exécution est ferme et soignée, le coloris fin et harmonieux ; tous les détails sont d'une surprenante vérité.

Bois. — H. 48 c. L. 60 c.

HEEM

(CORNEILLE DE)

52 — Fruits et Nature morte.

Un grand compotier en faïence, contenant des raisins blancs, des figues, des pêches et des noix, un melon entamé, deux citrons et du raisin noir dans une coupe d'argent.. . sont groupés sur table, derrière laquelle on voit la base d'une colonne cannelée et un perroquet sur son perchoir.

Toile. — H. 80 c. L. 1 m. 15 c.

53 — Pendant du précédent.

Un homard cuit, des huîtres dans un plat d'argent, des prunes, des citrons et une corbeille de fruits variés sont placés sur une table en partie couverte par une nappe blanche.

Toile. — H. 80 c. L. 1 m. 15 c.

HERP

(G. VAN)

54 — Fête villageoise.

A la porte d'un cabaret, deux villageois dansent au son de la flûte. Composition de neuf figures. Dans le fond, à droite, on aperçoit deux habitations au pied d'un monticule que domine un moulin à vent.

Bois. — H. 50 c. L. 64 c.

KESSEL (Jan Van)

ET

QUELLIN (Erasme)

55 — L'Asie.

Dans un cartouche peint en grisaille est représentée une figure allégorique coiffée d'un turban et portant une cassette à bijoux sur laquelle se trouve la signature :

E. Qvelin, *fecit* A° 1667.

Des trophées d'armures, des guirlandes de fleurs et de fruits, un tapis de Turquie, des divinités chinoises, des vases à parfums forment un riche encadrement à ce médaillon. Parmi ces accessoires on remarque un livre, traduction latine du Coran, sur lequel est la signature :

Joannes Van Kessel, *fecit* A° 1667.

Cuivre. — H. 48 c. L. 38 c.

KESSEL (Jan Van)

et

QUELLIN (Erasme)

56 — L'Amérique.

Une jeune femme à demi-nue, des plumes dans la coiffure, des pendants aux oreilles, un arc à la main, est peinte en grisaille, par E. Quellin, dans un cartouche entouré d'armes européennes et orientales, de vases d'orfévrerie, de coquilles, de poids en cuivre et autres attributs dûs aux pinceaux de J. Van Kessel, dont la signature en toutes lettres se lit au-dessous du médaillon.

Cuivre. — H. 48 c. L. 38 c.

Ces deux petites peintures d'une extrême profusion de détails sont d'une exécution précieuse et dans un parfait état de conservation.

LEYDEN

(Ecole de Lucas de)

57 — La Vierge, l'Enfant-Jésus et sainte Anne.

Fond d'architecture.

Bois. — H. 51 c. L. 36 c.

MOLENAER

(Jean)

58 — Cabaret flamand.

Un joyeux buveur, la canette en main, se renverse sur son banc ; sa femme s'efforce de le maintenir assis. Un autre villageois s'appuie en riant sur un tonneau. Un quatrième personnage, vu de dos, entr'ouve une porte dans le fond de la pièce.

Bois. — H. 30 c. L. 25 c.

POTTER

(Attribué à PAULUS)

59 — Animaux.

Une villageoise portant des seaux, une vache et un mouton couchés, une autre vache debout auprès d'un arbre.

Bois. — H. 37 c. L. 52 c.

RUTHARD

60 — Cerf et Vautour.

Signé et daté 1669.

Toile. — H. 37 c. L. 44 c.

RYCKAERT

(DAVID)

61 — L'Alchimiste.

Assis devant une table recouverte d'un tapis et chargée de livres et de manuscrits de toutes sortes, tenant à la main droite des besicles, il consulte un in-folio qu'il soutient de la main gauche sur ses genoux. A ses pieds est un chat endormi. Au fond de la pièce on distingue, dans un demi-jour, une femme accoudée sur une table et un serviteur occupé à piler des drogues dans un mortier, sur lequel est inscrit le monogramme de Rickaert, formé des lettres D. R. entrelacées.

Bois. — H. 47 c. L. 63 c.

SAVERY

(ROLAND)

62 — Fleurs et Insectes.

Fleurs variées disposées en bouquet dans un vase placé devant une niche de pierre. Çà et là sont posés divers insectes : papillon, guêpe, mouche; sur la table rampe un petit lézard.

Charmante production du fini le plus achevé.

Signé en bas : R. SAVERY, fecit 1615.

Cuivre. — H. 31 c. L. 22 c.

STAVEREN

(J.-A. VAN)

63 — Retour de chasse.

Un jeune gentilhomme, arrêté à la porte d'une hôtellerie, donne des ordres à un valet qui tient les chiens en laisse. A gauche, un autre seigneur est assis auprès d'une dame qui pince de la guitare ; à droite, un jeune garçon dépose à terre les produits de la chasse.

Signé à gauche : S. V. STAVEREN. fec. 1674.

Toile. — H. 65 c. L. 50 c.

STOOP

(THIERRY)

64 — Combat de cavalerie.

Deux détachements de cavaliers sont aux prises sur la lisière d'un bois.

Bois. — H. 55 c. L. 68 c.

STORK

(ABRAHAM)

65 — Marine.

Au centre, deux bateaux de pêcheurs; à gauche, un batelet, dans le lointain des navires et des barques; à l'horizon, un rivage de Hollande. La surface de l'eau est unie et sans mouvements; le ciel est nuageux.

Toile. — H. 25 c. L. 42 c.

TENIERS

(École de DAVID)

66 — Intérieur flamand.

Trois villageois se chauffent devant une vaste cheminée et regardent un petit chien qui jappe autour d'eux.

Bois. — H. 32 c. L. 24 c.

UDEN

(LUC VAN)

67 — Paysage avec figures.

Sur la lisière d'un bois, des villageois se livrent au plaisir de la danse.

Les petites figures sont peintes dans le goût de Téniers.

Bois. — H. 47 c. L. 74 c.

UTRECHT

(ADRIEN VAN)

68 — Fleurs, Fruits, Vases et Perroquet.

Toile — H. 96 c. L. 1 m. 34 c.

69 — Gibier mort, Fruits et Légumes.

Toile. — H. 96 c. L. 34 c.

ÉCOLE HOLLANDAISE

70 — Fête champêtre.

Composition animée d'un grand nombre de petites figures.

Toile. — H. 57 c. L. 83 c.

71 — Récréation dans un parc.

Pendant du précédent; ces deux tableaux portent une signature peu lisible.

Toile. — H. 57 c. L. 83 c.

École Italienne

ANGUISCIOLA

(SOFONISBA)

72 — Portrait d'un jeune seigneur.

C'est un enfant de six à huit ans représenté à mi-jambes, dans un élégant costume du XVIe siècle, avec une épée au côté et une hallebarde à la main.

Toile. — H. 63 c. L. 54 c.

AVOGRADO

(PETRO)

73 — Portrait d'homme.

C'est un jeune seigneur vu en buste, avec un habit brodé et un manteau bleu.

Toile. — H. 50 c. L. 38 c.

ANSELMI

(MICHEL-ANGE)

74 — Le Repos de la sainte Famille.

La sainte Famille est entourée d'anges en adoration devant l'Enfant Jésus ; dans la partie supérieure de la composition des anges se jouent dans les branches d'un palmier.

Peinture toute Corrégesque.

Toile — H. 1 m. 33 c. L. 88 c.

BAGNACAVALLO

(BARTOLOMÉO RAMENGHI), dit le

75 — La Vierge, l'Enfant, saint Sébastien et saint François.

Bois. — H. 75 c. L. 60 c.

BARROCCI

(FEDERIGO)

76 — Repos de la sainte Famille.

Gracieuse composition connue sous le nom de la Vierge à l'écuelle.

Toile. — H. 2 m. 15 c. L. 1 m. 27 c.

BELLINI

(Attribué à JACOPO)

77 — Portrait d'homme.

En buste, vêtement rouge, petit bonnet noir. Fond de ciel

Bois. — H. 49 c. L. 32 c.

BONIFAZIO

78 — La Vierge, l'Enfant Jésus et sainte Catherine.

Bois. — H. 67 c. L. 83 c.

BOURGUIGNON

(JACQUES COURTOIS), dit le

79 — **Halte de soldats.**

Des guerriers cuirassés et des cavaliers sont arrêtés sur un monticule dans un site aride et dénudé.

Toile. — H. 49 c. L. 72 c.

BOURGUIGNON

(JACQUES COURTOIS), dit le

80 — Choc de cavalerie.

Toile. — H. 49 c. L. 65 c.

BOTTICELLI

(SANDRO)

81 — **La Vierge, l'Enfant Jésus tenant un vase à parfum et un Ange.**

Bois. — H. 43 c. L. 58 c.

CAMPI

(ANTONIO)

82 — **L'Adoration des bergers.**

Toile. — H. 2 m. 50 c. L. 1 m. 55 c.

CARPACCIO

(École de VITTORE)

83 — Sujet tiré de l'ancienne histoire de Venise.

Toile. — H. 1 m. 15 c. L. 2 m. 55 c.

CASTRO

(PIETRO DE)

84 — Tableau de maître-autel.

La Vierge placée devant sainte Anne est assise sur un trône et soutient l'Enfant Jésus sur ses genoux. A droite, Marie Salomé et saint Joachim ; à gauche, saint Joseph et sainte Cléophas. Sur les marches du trône sont assis deux petits enfants.

Ancienne copie du PERUGIN, portant la signature :

PETRUS DE CASTRO PLEBIS pinxit.

Toile. — H. 1 m. 72 c. L. 1 m. 72 c.

CATENA

(VICENZO)

85 — La sainte Famille.

La Vierge est assise devant une tenture verte et soutient l'Enfant Jésus qui se penche pour caresser le petit saint Jean. A droite, saint Pierre et à gauche saint Joachim, dont les figures se détachent sur un fond de paysage accidenté.

Bois. — H. 70 c. L. 90 c.

CORRÈGE

(Ecole du)

86 — L'Enlèvement de Ganimède.

Cuivre. — H. 17 c. L. 14 c.

CRESPI DA CERANO

(GIO BATTISTA)

87 — Portrait d'homme.

Il tient à la main gauche un papier qu'il indique de la droite. Figure à mi-corps.

Toile. — H. 80 c. L. 64 c.

FIESOLE

(Ecole de BEATO ANGELICO)

88 — La Vierge, l'Enfant Jésus et deux Saints.

De chaque côté de ce tableau ont été ajoutés des volets où sont représentées six figures de saints; peintures antérieures à celle du sujet principal et attribuées au Giotto.

Bois. — H. 80 c. L. 95 c.

FRANGIPANI DE PADOUE

(NICCOLO)

89 — Portrait d'un musicien.

Coiffé d'un bonnet rouge orné d'une médaille figurant la lune et de deux petites fleurs; il tient une mandoline et est accoudé sur une table; derrière lui est une fenêtre donnant sur la mer.

Figures à mi-corps peintes dans le goût des œuvres du Giorgion.

Signé sur un piédestal, en haut, à gauche, des initiales de l'artiste :

NI° F : P. F.
1593

Toile. — H. 68 c. L. 52 c.

FRANCESCHINI

(MARCO ANTONIO)

90 — Tête de Madone.

Toile. — H. 38 c. L. 28 c.

GAROFOLO

(BENVENUTO TISIO dit IL)

91 — La Vierge et plusieurs Saints.

Marie, assise sur un trône, tient l'Enfant Jésus sur ses genoux; à gauche, sainte Catherine et saint Paul; à droite, saint Antoine de Padoue et Saint Joseph; sur les marches du trône, le petit saint Jean; dans le haut, une gloire d'anges.

Bois, forme cintrée du haut. — H. 1 m. 23 c. L. 73 c.

GAROFOLO

(Attribué à)

92 — **La sainte Famille.**

Le petit saint Jean est en adoration devant l'Enfant Jésus assis sur les genoux de sa mère qui lui présente un chardonneret.

Bois. — H. 70 c. L. 55 c.

GHIRLANDAJO

(Ecole de DOMENICO)

93 — **La Vierge et l'Enfant Jésus qui tient un chardonneret.**

Bois. — H. 40 c. L. 31 c.

GHISLANDI

(VITTORE), dit FRA PAOLETTO

94 — **Portrait d'homme.**

En buste, de trois-quarts, les épaules recouvertes d'un manteau de soie rouge.

Toile. — H. 60 c. L. 50 c.

GIAN NICCOLA DE PÉROUSE

95 — **La Vierge et l'Enfant.**

Marie, vue à mi-corps, contemple avec amour son divin Fils endormi sur ses genoux.

Bois. — H. 65 c. L. 44 c.

GIOTTO

(Ecole de)

96 — **La Vierge, l'Enfant Jésus et plusieurs Saints.**

Tableau divisé en trois compartiments. Encadrement de style ogival.

Bois. — H. 50 c. L. 50 c.

GUERCINO

(GIOVANNI FRANCESCO BARBIERI), dit IL

97 — Une Sibylle.

Coiffée d'un turban, elle a la tête penchée sur sa main gauche et semble se recueillir.

Figure à mi-corps.

Toile. — H. 85 c. L. 63 c.

LODI

(CALISTO PIAZZA DE)

98 — Saint Augustin.

Représenté à mi-corps et revêtu de ses habits sacerdotaux.

Toile. — H. 97 c. L. 70 c.

LUCATELLI

(ANDREA)

99 — Paysage; site italien.

Au premier plan, un pâtre adresse la parole à deux femmes assises à terre. A droite est une route qui se dirige vers un coteau boisé couronné par diverses fabriques et qui occupe tout le second plan.

Toile. — H. 73 c. L. 98 c.

99 *bis* — Paysage. Pendant du précédent.

Contrée fertile arrosée par une rivière. Sur le premier plan, trois pêcheurs examinent leur prise.

Toile. — H. 73 c. L. 98 c.

LUINI

(BERNARDINO)

100 — Retour du jeune Tobie.

Tobie, conduit par l'ange Raphaël, arrive auprès de son père aveugle.

Composition de cinq figures à mi-corps.

Toile. — H. 60 c. L. 74 c.

LUINI

(École de B.)

101 — La Vierge, l'Enfant Jésus et saint Jean.

Bois. — H. 94 c. L. 82 c.

MARATTI

(CARLO)

102 — Jésus guérissant un aveugle.

Composition de cinq figures, d'un coloris clair et d'une exécution habile.

Toile. — H. 74 c. L. 62 c.

MAZZOLA

(GIROLAMO)

103 — La Vierge et l'Enfant.

La Vierge est assise sur un trône et tient l'Enfant Jésus qui se tourne vers saint François agenouillé; à gauche est un saint évêque faisant l'aumône à des pauvres.

Ce tableau de maître-autel a été peint pour l'église des Ermites de Saint-Augustin, à Parme.

Bois. — H. 2 m. 13 c. L. 1 m. 41 c.

OGGIONE

(MARCO DA)

104 — La Vierge, l'Enfant Jésus, saint Antoine et sainte Thérèse.

Bois. — H. 45 c. L. 45 c.

OGGIONE

(MARCO DA)

105 — Saint Augustin, évêque, figure en pied dans un paysage.

Bois. — H. 1 m. 65 c. L. 83 c.

PERUGINO

(École de)

106 — La Vierge et l'Enfant Jésus.

Bois forme ronde, diam. 29 c.

PIETRINO

(GIAN)

107 — Le Christ portant sa croix.

Bois. — H. 75 c. L. 55 c.

PINTURICCHIO

(BERNARDINO BETTI), dit IL

108 — La Vierge, l'Enfant et quatre anges en adoration.

Bois. — H. 50 c. L. 40 c.

PONTORMO

(JACOPO CARRUCCI) dit IL

109 — Saint Jean l'évangéliste.

Toile. — H. 75 c. L. 65 c.

110 — Saint Mathieu.

Toile. — H. 75 c. L. 65 c.

RAPHAEL

(École de)

111 — La Vision d'Ezéchiel.

Ancienne reproduction de la célèbre composition de Raphaël; elle est malheureusement un peu dénaturée par quelques retouches maladroites; les parties conservées sont d'une grande beauté.

Bois. — H. 38 c. L. 28 c.

RENI

(GUIDO)

112 — Sainte Madeleine.

Les regard élevés vers le ciel, elle soulève le couvercle d'un vase à parfums placé sur une table devant elle.

Toile. — H. 1 m. 22 c. L. 95 c.

RENI

(GUIDO)

113 — Saint Mathias.

Toile. — H. 1 m. 15 c. L. 90 c.

114 — Figure d'apôtre.

Peintures vigoureuses de la première manière du Guido, exécutées sous l'influence des œuvres de Caravage.

Toile. — H. 1 m. 15 c. L. 90 c.

SARTO

(École de ANDREA DEL)

115 — La Vierge, l'Enfant Jésus, saint Jean-Baptiste et Sainte-Anne.

Bois. — H. 1 m. L. 1 m. 10 c.

SIRANI

(ELISABETTA)

116 — Jésus chez Marthe et Marie.

Toile. — H. 78 c. L. 1 m. 03 c.

TITIEN

(École du)

117 — Le Repos de la sainte Famille.

Toile. — H. 80 c. L. 95 c.

TIVOLI

(ROSA DE)

118 — Paysage et Animaux.

Un pâtre est assis entre un cheval et deux chiens ; à droite, un groupe de moutons au repos.

Toile. — H. 1 m. L. 1 m. 69 c.

VECCHIA

(PIETRO DELLA)

119 — Portrait d'un homme d'armes.

A mi-corps, de face, coiffé d'une toque rouge à plumes blanches, il porte une cuirasse, des épaulières et des manches bouffantes. Il sort son épée du fourreau.

Toile. — H. 1 m. 17 c. L. 92 c.

120 — Portrait d'un jeune guerrier.

Une lance à la main gauche, la main droite appuyée sur un bouclier, il porte une cotte de maille, une cuirasse et un bonnet orné de longues plumes.

Toile. — H. 1 m. 17 c. L. 92 c.

VIVARINI DE MURANO

(LUDOVICO)

121 — Groupe de trois anges qui planent dans les cieux.

Bois. — H. 53 c. L. 53 c.

DÉSIGNATION

DES

TABLEAUX

COMPOSANT LA VACATION

Du Vendredi 6 Mai 1870

DEUXIÈME VACATION

Écoles d'Italie

ALBANI

(École de FRANCESCO)

122 — L'Amour sur les eaux.

Toile. — H. 60 c. L. 75 c.

BAROCCI

(FEDERIGO)

123 — Repos de la sainte Famille.

Toile. — H. 98 c. L. 68 c.

BOCCACCINO

(BOCACCIO)

24 — Le Sauveur du monde; figure à mi-corps.

Bois. — H. 75 c. L. 60 c.

BUTTINONE

(BERNARDINO)

125 — Deux Saints.

Tableau divisé en deux compartiments.

Bois. — H. 55 c. L. 68 c.

BUTINONE

(BERNARDINO), de Treviglio

126 — Saint François et saint Bernard.

Tableau divisé en deux compartiments.

Bois. — H. 95 c. L. 79 c.

CARRACHE

(École de)

127 — Tête de moine.

Bois. — H. 43 c. L. 33 c.

CERANO

(J.-B. CRESPI DA)

128 — Saint Irène secourant saint Sébastien.

Toile. — H. 75 c. L. 97 c.

CORTONE

(PIETRO BERRETINI, dit P. DE)

129 — Combat d'Achille et d'Hector.

Toile. — H. 1 m. 50 c. L. 2 m. 25 c.

CRESPI

(DANIELE)

130 - Portrait d'homme.

En buste, es cheveux flottant sur les épaules ; large col rabattu ; vêtement noir.

Toile. — H. 58 c. L. 46 c.

CRESPI

(DANIELE)

131 — Portrait d'homme.

En buste, le front chauve, moustache et barbiche grise, col uni rabattu.

Bois. — H. 41 c. L. 33 c.

CRESPI

132 — Portrait de jeune homme.

Il porte un large col rabattu sur un vêtement noir (buste).

Toile. — H. 48 c. L. 37 c.

CRIVELLI

(École des)

133 — Saint Martin.

Peinture sur fond d'or.

Bois. — H. 63 c. L. 38 c.

DOMENICHINO

(Attribué à ZAMPIERI, dit IL)

134 — Tête de Sibylle.

Toile. — H. 43 c. L. 34 c.

FIDANZA

135 — Paysage.

Pâtres et bestiaux au bord d'une rivière. Dans le lointain une ville au pied d'une chaîne de montagnes.

Toile. — H. 75 c. L. 98 c.

136 — Paysage.

Au premier plan sont arrêtés quatre villageois; à gauche, sur un sentier, chemine un troupeau de moutons; on aperçoit au loin une ville au bord de la mer.

Toile. — H. 73 c. L. 98 c.

FIDANZA

137 — La Chasse de Diane.

La déesse environnée de ses compagnes s'est arrêtée au bord d'un torrent.

Toile. — H. 78 c. L. 66 c.

138 — Paysage avec chute d'eau.

Au premier plan, un colporteur cause avec une villageoise qui porte du linge.

Toile. — H. 78 c. L. 66 c.

FIGINO

(AMBROGIO)

139 — Portrait d'un gentilhomme.

En buste, cuirassé, portant une fraise garnie de guipure.

Toile. — H. 74 c. L. 53 c.

FONTANA

(LAVINIA)

140 — Tête de jeune fille.

Toile. — H. 40 c. L. 25 c.

FRANCIA BIGIO

(MARCO-ANTONIO, dit IL)

141 — Saint Jean-Baptiste.

Bois. — H. 70 c. L. 50 c.

FURINI

(FRANCESCO)

142 — Une Sainte.

Toile. — H. 30 c. L. 1 m. 03 c.

GATTI

(BERNARDINO)

143 — Saint Sébastien.

Toile. — H. 1 m. 40 c. L. 83 c.

GUERCINO

(G.-F. BARBIERI, dit IL)

144 — Portrait d'homme.

En buste, cheveux longs, moustache naissante, col rabattu sur son justaucorps.

Toile. — H. 52 c. L. 41 c.

GENNARI

(BENEDETTO)

145 — L'Annonciation.

Figures à mi-corps.

Toile. — H. 1 m. 16 c. L. 2 m.

GESSI

(FRANCESCO)

146 — Le Sommeil de saint Jean.

Toile. — H. 103 c. L. 1 m. 32 c.

GIORGIONE

(École de BARBARELLI, dit IL)

147 — Tête de jeune homme.

Bois. — H. 24 c. L. 20 c.

MAGNO

(CESARE)

148 — Le Sommeil de l'Enfant Jésus.

Marie, vue à mi-corps, tient entre ses bras l'Enfant endormi ; près d'elle, est le petit saint Jean portant son agneau.

Bois. — H. 51 c. L. 42 c.

MANFREDI

(BARTOLOMEO)

149 — Buste de jeune guerrier.

Il porte une cuirasse et a sur la tête une toque rouge à plume blanche.

Toile. — H. 70 c. L. 53 c.

MANTEGNA

(École de)

150 — La Résurrection du Christ.

Peinture sur fond d'or.

Bois. — H. 55 c. L. 63 c.

MOLA

(PIETRO-FRANCESCO)

151 — Vision de saint Bruno.

Etendu à terre, le saint reste en extase à la vue de trois chérubins qui lui apparaissent dans le ciel,

Toile. — H. 1 m. 28 c. L. 89 c.

MONTALTO

(J.-E DANEDI), dit

152 — L'Enfant Jésus et saint Jean-Baptiste.

Bois. — H. 51 c. L. 38 c.

PARMEGIANINO

(École du)

153 — Mariage mystique de sainte Catherine.

Toile. — H. 1 m. 30 c. L. 90 c.

PESARESE

(SIMON CANTARINI, dit LE)

154 — La Fuite en Égypte.

Toile. — H. 46 c. L. 62 c.

PIETRINO

(GIAN)

155 — La Madeleine.

Bois. — H. 65 c. L. 50 c.

RIBERA

(École de)

156 — Savant tenant un livre ouvert.

Toile. — H. 85 c. L. 70 c.

RICCI

(ANTONIO)

157 — Saint François.

Toile. — H. 1 m. 30 c. L. 95 c.

ROMANELLI

(GIOVANNI-FRANCESCO)

158 — Mercure endormant Argus.

Toile. — H. 1 m. 53 c. L. 1 m. 13 c.

ROMANINO DA BRESCIA

(GIROLAMO)

159 — Figure de sainte tenant la boule du monde.

Bois. — H. 60 c. L. 45 c.

ROMANO

(École de JULIO)

160 — Sainte Famille.

La Vierge entoure de ses deux bras l'Enfant Jésus auquel le petit saint Jean présente la banderole avec la légende *Ecce Agnus Dei.*

Bois. — H. 92 c. L. 74 c.

ROSA

(SALVATOR)

161 — Halte de guerriers.

Ils sont arrêtés dans un site sauvage, au milieu duquel s'élèvent de gigantesques troncs d'arbres.

Toile. — H. 64 c. L. 43 c.

SARTO

(École d'ANDREA DEL)

162 — La sainte Famille.

Bois. — H. 1 m. 06 c. L. 80 c.

SANTA-CROCE

(GIROLAMO DE)

163 — Saint Jérôme.

Agenouillé dans une grotte, il tient un crucifix et se frappe la poitrine avec une pierre.

Bois. — H. 64 c. L. 47 c.

SCHIDONE

(BARTOLOMEO)

164 — Jeune Femme faisant l'aumône à deux petits mendiants.

Toile. — H. 1 m. 83 c. L. 1 m. 33 c.

SIMONINI

165 — Cavaliers au bord de la mer.

Toile. — H. 48 c. L. 64 c.

TINTORET

(École de)

166 — L'Ensevelissement du Christ.

Bois. — H. 65 c. L. 55 c.

TINTORETTO

(JACOPO ROBUSTI, dit IL)

167 — Portrait d'un Vieillard à barbe blanche.

Toile. — H. 56 c. L. 46 c.

TITIEN

(École du)

168 — La Vierge et l'Enfant Jésus dans un paysage.

Bois. — H. 65 c. L. 55 c.

VERMIGLIO

(GIUSEPPE)

169 — Le Sauveur du monde.

Bois. — H. 53 c. L. 40 c.

VINCI

(École de LEONARDO DA)

170 — Le Sauveur du monde.

Figure en buste.

Bois. — H. 47 c. L. 33 c.

ÉCOLE ITALIENNE

171 — Portrait d'un jeune seigneur cuirassé.

Toile. — H. 1 m. 24 L. 88 c.

ÉCOLE ITALIENNE

172 — Portrait d'homme.

Assis dans un fauteuil, vêtement garni de fourrures, collerette à fraise.

Toile. — H. 1 m. 26 c. L. 96 c.

ÉCOLE ITALIENNE

173 — Tête d'homme à collerette.

Bois. — H. 47 c. L. 43 c.

ÉCOLE ITALIENNE

174 — Tête d'étude.

175 — Portrait d'homme (époque Louis XIII).

GOTHIQUES ITALIENS

176 — La Vierge et l'Enfant Jésus.

Fond doré.

GOTHIQUES ITALIENS

177 — Le Christ en croix, la Vierge et saint Jean.

178 — La Vierge et l'Enfant Jésus.

Peinture sur cuivre.

179 — La Vierge et l'Enfant Jésus.

Peinture sur fond d'or ; cadre de style ogival à ornements en relief.

180 — La Vierge, l'Enfant Jésus et deux Anges.

181 — La Vierge et saint Jean en adoration devant l'Enfant Jésus.

182 — L'Ensevelissement du Christ.

183 — La Vierge, l'Enfant Jésus et des Anges de chaque côté du trône.

184 — Triptyque.

185 — L'Annonciation.

186 — La Vierge, l'Enfant, saint Jean et sainte Catherine.

ÉCOLES D'ITALIE

(XIVe SIÈCLE)

187 — Le Christ en croix, la Vierge et saint Jean.

Des anges recueillent le sang qui coule des plaies du Sauveur. Peinture sur fond d'or.

Bois. — H. 97 c. L. 68 c.

ÉCOLE FLORENTINE

188 — La Madeleine au tombeau du Christ.

Bois. — H. 70 c. L. 55 c.

ANCIENNE ÉCOLE FLORENTINE

189 — L'Annonciation.

Tableau en deux volets, avec encadrement de style ogival.

Bois. — H. 44 c. L. 19 c.

ÉCOLE LOMBARDE

190 — Tête du Sauveur.

Bois. — H. 53 c. L. 40 c.

ÉCOLE NAPOLITAINE

191 — Tête de jeune fille.

Bois. — H. 34 c. L. 24 c.

ÉCOLE DE PARME

192 — Portrait de jeune femme.

En buste et de face.

Toile. — H. 45 c. L. 38 c.

ÉCOLE VÉNITIENNE

193 — La sainte Famille.

Dans le haut du tableau, à gauche, on voit une signature avec la date. 1536.

Bois. — H. 65 c. L. 53 c.

ANCIENNE ÉCOLE VÉNITIENNE

194 — La Visitation.

Bois. — H. 25 c. L. 41 c.

ÉCOLE VÉNITIENNE

195 — Caïn tuant Abel.

Toile — H. 1 m. 40 c. L. 98 c.

GOTHIQUE VÉNITIEN

196 — Mariage mystique de sainte Catherine.

Peinture sur fond d'or.

Bois. — H. 55 c. L. 42 c.

GOTHIQUE VÉNITIEN

197 — Le Christ en croix.

Tableau divisé en trois compartiments.

Bois. — H. 65 c. L. 62 c.

GOTHIQUE VÉNITIEN

198 — La Vierge, l'Enfant Jésus et quatre Saintes.

Charmante petite peinture sur fond d'or, à ornements quadrillés et gravés.

Bois. — H. 35 c. L. 53 c.

GOTHIQUE VÉNITIEN

199 — Figure d'apôtre tenant un livre.

200 — Autre tenant un livre et un couteau.

ÉCOLE GRECO-RUSSE

201 — Saint Georges terrassant le dragon.

202 — La Vierge noire.

203 — La sainte Famille.

204 — Figure de saint.

Écoles Flamande et Hollandaise

BREUGHEL

205 — Paysage boisé et traversé par un cours d'eau.

Bois. — H. 30 c. L. 42 c.

BRIL

(École de P.)

206 — Le Retour du jeune Tobie.

Dans le fond une place de village avec des bestiaux.

Bois. — H. 51 c. L. 71 c.

CALCAR

(JOHAN-STEPHAN VON)

207 — Portrait de jeune homme.

En buste, la tête couverte d'une draperie en manière de turban.

Toile. — H. 54 c. L. 41 c.

CALVAERT

(DENIS)

208 — Saint François d'Assise.

Dans un site entièrement boisé, le saint à genoux est en extase. Non loin de lui, est un autre religieux tenant un livre de prière.

Bois. — H. 40 c. L. 52 c.

DIETRICH

209 — Portrait d'un vieillard.

Vu de face, mains jointes, il est accoudé sur un balcon.

Toile — H. 58 c. L. 45 c.

FYT

(École de J.)

210 — Oiseaux morts.

Toile. — H. 60 c. L. 80 c.

HOLBEIN

(École de)

211 — Portrait d'homme.

Bois. — H. 48 c. L. 38 c.

LAAR

(ROLAND VAN)

212 — Bestiaux arrêtés auprès d'une auberge.

Toile. — H. 62 c. L. 75 c.

213 — Halte de cavaliers.

Pendant du précédent.

MEEL

(JAN)

214 — Halte de chasse.

Toile. — H. 45 c. L. 36 c.

MOL ?

(PIERRE VAN)

215 — L'Enfance de Bacchus.

Toile. — H. 55 c. L. 85 c.

MOOR

(Attribué à ANTON DE)

216 — Portrait d'une dame.

Elle est vue en buste, dans un élégant costume du XVIe siècle ; fraise de guipure autour du cou, pierreries, perles et plumes dans la coiffure ; collier d'or avec armoiries.

Toile marouflée. — H. 48 c. L. 37 c.

RUBENS

(École de)

217 — La sainte Famille.

Toile. — H. 1 m. 28 c. L. 98 c.

PEETERS

(JAN)

218 — Paysage boisé.

Au premier plan un villageois appuyé sur un bâton.

Bois. — H. 53 c. L. 72 c.

PORBUS

(École de)

219 — Portrait de Gustave-Adolphe, roi de Suède.

Toile. — H. 46 c. L. 38 c.

PORBUS

(École de)

220 — Portrait de femme.

Coiffure à la Médicis. Encadrement en ébène incrusté sur ivoire.

Toile. — H. 56 c. L. 40 c.

SWANEVELT

(HERMAN)

221 — Paysage.

Site accidenté avec troupeaux au bord d'une rivière.

Cuivre. — H. 62 c. L. 1 m.

ÉCOLE ALLEMANDE

222 — Attaque d'un camp; effet de nuit.

Peinture sur ardoise.

H. 23 c. L. 28 c.

ÉCOLE FLAMANDE

223 — Abricots dans un plat d'argent.

Cuivre. — H. 22 c. L. 32 c.

ÉCOLE FLAMANDE

224 — Bouquet de fleurs dans un vase ciselé.

Toile. — H. 65 c. L. 48 c.

ÉCOLE FLAMANDE

225 — La Madeleine agenouillée dans une grotte.

Cuivre. — H. 45 c. L. 36 c.

Renou et Maulde, imprimeurs de la Compagnie des Commissaires-Priseurs,
rue de Rivoli, 144. 3867

www.ingramcontent.com/pod-product-compliance
Ingram Content Group UK Ltd.
Pitfield, Milton Keynes, MK11 3LW, UK
UKHW020344180726
13839UKWH00002B/916

9 782329 486826